LISTE ET ORIGINE

DE TOUS LES ORDRES

DE

CHEVALERIES

MILITAIRES ET CIVILS

*Qui ont été institués
par les Papes et par les Princes chrétiens
jusqu'à la fin du XVIe Siècle*

PAR P. DAVITI

*Publié séparément, pour la première fois,
par les soins de M. JEAN GAY*
Membre de l'Institut National Génevois

TURIN

1876

LISTE ET ORIGINE

DES ORDRES

DE CHEVALERIES

TIRÉ A 300 EXEMPLAIRES NUMÉROTÉS,
dont 50 ex. sur papier teinté
et 250 ex. sur papier vélin de fil à la forme.

Exemplaire N° 49

Turin — V. BONA, imprimeur de S. M.

LISTE ET ORIGINE

DE TOUS LES ORDRES
DE
CHEVALERIES

MILITAIRES ET CIVILS

*Qui ont été institués
par les Papes et par les Princes chrétiens
jusqu'à la fin du XVIe Siècle*

PAR P. DAVITI.

*Publié séparément, pour la première fois,
par les soins de M. JEAN GAY*
Membre de l'Institut National Génevois.

TURIN
—
1876

AVANT PROPOS

Le petit travail que nous offrons ici est renfermé dans un ouvrage très-volumineux, devenu rare (1), et qui ne comprend que de longues dissertations historiques; la seule qui mérite une mention spéciale est celle que nous éditons aujourd'hui.

---

(1) *Les Estats, empires et principautez du monde.* Paris, 1615, in fol. de 1464 pages.

AVANT PROPOS

Pierre Daviti, ou Davity, gentilhomme français, naquit à Tournon en août 1573. On a de lui diverses productions en prose et en vers, entre autres: *Les travaux sans travail.* Paris, et Rouen, 1602; - Lyon, 1603; - Rouen, 1609, in 12 — *Le Monde, ou la Description de ses quatre parties.* Paris, 1637, 5 vol. in fol.

Origine des ordres militaires; tant Réguliers qui ont efté approuvez par le Saint Siège fous quelque reigle & difcipline; que des féculiers inftituez par les Empereurs, Rois & Princes chreftiens avec leurs blazons & devifes.

CELUI auquel a efté donnée toute puiffance au ciel, voulant faire voir les effects de fa victoire triomphante tant fur les chofes fpirituelles que temporelles; incontinent après la naiffance de fon Eglife & que le fang des martyrs en euft cimenté une bonne partie de l'édifice; fit que non feulement les efprits tranquilles & pacifiques fe vouèrent pour toute leur vie en Sainćteté, mais qu'encores les efprits belliqueux confacrèrent leur valeur & leurs armes tant à l'accroiffement & augmentation de la religion catholique, qu'à fa protection & défence. Si bien que les Monarques les plus puisfans du monde marchèrent fous l'eftendart d'icelui auquel ils faifoyent bien peu de temps auparavant une fi fanglante & cruelle guerre ; tefmoin le grand Conftantin, Valentinian, les Théodofes & autre grand nombre d'Empereurs, qui tous, commencèrent de porter la croix en leurs blazons & armoiries toutes néanmoins de diverfes couleurs, les unes blanches, les autres vertes & les autres rouges & d'autres couleurs, en la forme prefque, qu'elle apparût au ciel au grand Conftantin. Ayant un A au cofté droit, un Ω au cofté gauche, & un Labarum au milieu, affavoir, un X & un P entrelaffez l'un dans l'autre eftans crénelez par les quatre bouts. Et d'autant qu'il n'y a guère eu de Royaume ni de République au monde qui n'ait eu quelque ordre de Chevalerie, il eftoit bien raifonnable qu'il fe fift quelques congrégations qui prinsfent l'Ordre du Roy des Rois & fe defvouasfent particulièrement à fon fervice.

Du temps mefme de Conftantin le grand, l'Ordre des Chevaliers du S. Sépulchre de noftre Seigneur commença de s'eftablir, car S. Hélène fa mère eftant allée en Hiérufalem pour y chercher la S. Croix & le S. Sépulchre & les ayant trouvez par une divine révélation, elle y fit baftir en action de grâces un Temple fort magnifique en l'honneur de la Réfurrection glorieufe de Jésus Christ, lequel par trait de temps fût conftruit en un Monaftère de Chanoines réguliers de S. Auguftin. Mais pour lors, la garde du S. Sépulchre fut commife à quelques gentilshommes de fa fuite qui fûrent les premiers Chevaliers de cet Ordre qui fe continua en ce lieu-là & s'y eftablirent. De forte, que du temps mefme que les Sarrazins & les Turcs s'emparèrent de tout l'Orient & particulièrement de la Paleftine, tyrannifans les Chreftiens de Hiérufalem, envers lefquels ils ufoyent de toute forte de cruauté, ceux-ci fûrent tolérez moyennant le tribut annuel qu'ils leur payèrent; non sans communiquer néantmoins au commun malheur des fidèles; ces barbares ne laiffans pas de les traverfer en tout ce qu'ils pouvoient. Leur principale charge eftoit de garder le S. Sépulchre, faire la guerre aux infidèles de toute leur puiffance, rachepter les efclaves, ouïr tous les jours la fainéte Meffe en ayant l'opportunité, réciter les heures de la Croix, & porter cinq croix rouges en contemplation des cinq playes de noftre Seigneur. Quelques uns rapportent leur origine & inftitution à l'Apoftre S. Jaques Evefque de Hiérufalem, qui endura la mort pour la foy l'an 63. Et femble qu'en confidération de cela les Chevaliers de cet Ordre font fous l'obéiffance du Patriarche de cefte fainéte ville.

L'Ordre des Chevaliers de S. Maurice & de S. Lazare entre les Savoyards.

ON tient que l'Ordre de S. Lazare a commencé du temps du grand S. Bafile au rapport de S. Grégoire Nazianzene. Lequel S. Bafile fonda un Hofpital fous le tiltre de S. Lazare qui donna le nom depuis à cet Ordre : de quoi tant de Lazareries efparfes par toutes les parties de la Chreftienté femblent porter tefmoignage. Mais cefte première inftitution ayant efté comme eftouffée en fon beau par les incurfions des Barbares & autres injures de ces premiers temps, elle fembla renaiftre & fe reftablir de nouveau en cet heureux fiècle, auquel les Princes Chreftiens unis en une fainéte ligue oftèrent aux Sarrazins la ville de Hiérufalem & les autres lieux de la Terre fainéte. Les Chevaliers de cet Ordre recevans charitablement en leurs Hofpitaux les fidèles qui accouroyent de toutes les parties de l'Europe à une fi heureufe conquefte, voire mefme fourniffans aux frais de cefte glorieufe entreprife, lequel bon office fut caufe que les Princes Chrefliens leur donnèrent plufieurs maifons & héritages l'an 1154, lefquelles donations leur furent ratifiées par les bulles des Papes Alexandre IV, Nicolas V, Clément IV, Jean XXII & Grégoire X.

Ils font profeffion de la reigle de S. Auguftin
& portent pour les blazons de leur Ordre une
croix verte qu'Emanuel Philibert Duc de Savoye, après avoir efté eftabli leur grand Maiftre
par Grégoire XIII & conjoinct cet ordre avec
celui de S. Maurice, reveftit autour d'une bordure blanche au milieu de laquelle celle de
S. Maurice feroit enclavée.

Quant à celui de S. Maurice, les anciens An-
naliftes de Savoye difent qu'il eût une telle origine ; Amédée Duc de Savoye (lequel après fa
promotion au fouverain Pontificat prit le nom
de Félix V) ayant tout abandonné, fe confina à
Ripaille près le lac Leman accompagné de dix
Chevaliers d'illuftre famille, où il embraffa la
vie d'Hermite en un Monaftère fondé par fes
anceftres à la mémoire & honneur de S. Maurice. S'eftant veftu d'une longue robbe de couleur cendrée qu'il ceignit d'une cinture recamée
d'or, avec un manteau par deffus de mefme
couleur que la robbe, auquel eftoit coufuë une
croix brochée d'or. François Modius en fes Pan-
dectes affure que ces Hermites, qu'il appelle
Chevaliers de S. Maurice, affiftérent ainfi veftus
à la confécration de Félix V, leur fondateur,
l'an 1440, monftrant par là quelle avoit efté la
religion & quels les acouftremens ordinaires
que ce nouveau Pontife avoit portez par le pafsé.

L'Ordre des Chevaliers du Chien & du Coq, en France.

LES Autheurs n'ont rien dit de certain touchant l'inſtitution de ces deux Ordres, on les attribue néantmoins à la maiſon de Montmorency.

Le premier; d'autant que ceux de ceſte maiſon portent ſur la creſte de leur armet un chien, joint que Philippe Moreus en ſes Tables des armoiries de France, eſcrit que Bouchard de Montmorency vint en la Cour du Roy de France, Philippes I, du nom, ſuivi de pluſieurs autres Chevaliers portans tous un collier rempli de teſtes de cerfs où pendoit l'effigie d'un chien; & cela pour ſignifier la fidélité & affection ſincère qu'ils avoyent & auroyent toujours au ſervice, protection & défenſe de la République Chreſtienne, & ſpécialement de la France. Pour y faire auſſi remarquer par là leur ancienne nobleſſe, le chien en ayant eſté le ſymbole chez toutes les nations, comme l'a remarqué Lipſius, Epiſt. 44 de la première Centurie.

Quant à l'Ordre des Chevaliers du Coq, tout ce qu'on en peut dire c'eſt que tous ceux qui ont eſcrit la généalogie de ceſte illuſtre maiſon, rapportent qu'un certain Pierre de Montmorency en a eſté Chevalier; quoique ce ſoit, il

y a grande apparence que cet Ordre a pris pour
blafon le Coq, d'autant qu'entre les volatiles il
eft le plus Martial; les anciens l'appelloyent
Poulcin de Mars, on l'a pris quelquefois auffi
pour le hiéroglyfique de la victoire & de la vi-
gilance. Ces Chevaliers voulans dire qu'ils estoient belliqueux, vigilans & victorieux.

L'Ordre des Chevaliers de la Genette

en France.

CELUI qui rendit l'ufage des anneaux le
plus commun en France fût Charles Martel;
ce grand & magnanime Prince qui releva de
fon temps le fceptre languiffant de nos Rois,
faifant fentir fa redoutable valeur & aux rebel-
les & aux infidèles. Or comme ce Prince eftoit
naturellement enclin aux armes, il inftitua auffi
un Ordre de Chevaliers qu'il nomma de la
Genette; à caufe de fa femme, dite du Haillan,
qui s'appelloit Jeanne & lui l'appelloit communément Genette voulant qu'ils portaffent
la figure de cet animal gravée en leurs armes:
mais du Bellay eft d'autre avis, & tient que
cet invincible Prince ayant desfait les Sarrazins

en cefte mémorable bataille qu'il leur livra près de la ville de Tours l'an 738, & pour en éternifer la mémoire, & faire voir aux fiècles futurs la valeur & le courage de la Nobleffe Françoife de laquelle il avoit efté particulièrement affifté, & qu'il donna à ceux de cet Ordre le nom de la Genette; d'autant qu'il avoit deftruit cefte nation qui habite cefte partie de l'Efpagne; ainfi furnommée à caufe qu'elle abonde en quantité de femblables animaux, qui font une efpèce de belette, ou pluftoft de renards, ayant fa peau mi-partie de blanc & de cendré, avec un beau meflange de petites taches blanches & noires. Cet ordre s'eft maintenu jufques au règne de S. Louys.

L'Ordre des Chevaliers du Lys au Royaume de Navarre.

DU règne de Garcias VI, Roy de Navarre, furnommé Nugere. Lieu mémorable pour la naiffance, la nourriture, féjour ordinaire, fépulture de ce Prince. Les anciens Hiftoriens d'Efpagne difent que l'Image de noftre Dame qui eft dans l'Eglife du Monaftère Royal de cefte ville fût miraculeufement trouvée & qu'à l'honneur d'icelle, ce bon Roy & Tiennette fa femme, iffuë des maifons de Foix & de Gandelle, fondèrent enfemble un Monaftère de S. Benoift; mais, que Garcias inftitua feul l'Ordre des Chevaliers du Lys, portants pour blazon un pot de Lys fur lequel eftoit peinte l'image de Noftre Dame, voulant que les robes de ces Chevaliers fuffent fort riches & fort artiftement & magnifiquement enrichies. Les enfans de la maifon Royale entroient en cefte Chevalerie, & plufieurs grands Seigneurs François, Navarrois & eftrangers.

Les Chevaliers de cet Ordre font obligez par l'ordonnance de Garcias, leur premier fondateur, de maintenir & défendre la foy contre tous les ennemis d'icelle & l'amplifier à leur pouvoir. Ils doivent réciter tous les jours certaines prières & certain nombre de *Pater nofter* & *d'Ave Maria*. Ferdinand d'Arragon qui fut appellé l'Infant d'Antiquera l'an 1403, entra en cefte Chevalerie avec quelques autres, non tant recomandables pour leur noble extraction, que pour leur vertu, & en print l'Ordre folennellement dans l'Eglife de Noftre Dame ancienne de la ville de Metymne. Cefte devife eftoit d'un pot de Lys & d'un Griphon.

L'Ordre des Chevalliers
de S. Jean de Hiéruſalem, dits de Malte.

QUELQUES uns attribuent le commencement de cet Ordre à Jean Hircanus l'un des Machabées; d'autres à S. Jean l'Aumoſnier, Patriarche d'Alexandrie, bien que les Chevaliers d'icelui addreſſent leurs vœuz à S. Jean Baptiſte & le tiennent pour patron. Mais il y en a d'autres qui tiennent que leur première inſtitution vient d'un nommé Girard, lequel du temps de Godefroy de Bouillon eſtant venu viſiter les lieux ſainɛts en Hiéruſalem, eſpris d'une dévotion extraordinaire, aſſiſté de quelques autres gentilshommes qui eürent meſme deſſein que lui, ils ſe mirent à baſtir l'hoſpital Sainɛt Jean de Hiéruſalem; donnans ainſi commencement à cet Ordre de Chevaliers qui s'appellent du nom de leur première demeure: aſſavoir, hoſpitaliers. Le Pape Gelaſe ſecond du nom, approuva premièrement cet inſtitut: leurs veſtemens furent une robbe où eſtoit attachée une croix blanche en façon octogone, pour marque de leur pureté & des huiɛt béatitudes aux quelles ils aſpiroient par la conceſſion du Pape Honoré ſecond. Le devoir de leur profeſſion eſtoit de recevoir avec toute charité ceux qui venoient de quelque quartier du monde que ce fuſt viſiter les ſainƈts lieux, les aſſiſter par les chemins & les leur rendre ſûrs contre les Arabes & tous autres infidèles contre leſquels meſmes, avec l'aſſiſtance & ſecours des Princes Chreſtiens, ils ont dreſſé des armées entières & les ont heureuſement combattus. Ils avoient conquis ſur eux l'Iſle & la ville de Rhodes, mais ils la perdirent quelques ans après ; Soliman II du nom, Empereur des Turcs, s'emparant d'icelle ; & durant ce temps qu'ils la posſédèrent, ils furent appellez Chevaliers de Rhodes. Depuis, l'Empereur Charles V leur donna l'Isle de Malte laquelle ils ont toujours courageuſement défendue, & principalement durant deux ſiéges que les Turcs ont mis devant: l'un ſous Soliman ſuſdit & l'autre ſous Sélym II du nom, tous deux Monarques des Turcs, que leurs ennemis ont eſté contraints de lever avec beaucoup de perte & de déshonneur. Du nom de ceſte Isle on les appelle encores aujourd'hui Chevaliers de Malte. Aucun ne peut parvenir à ce degré s'il n'eſt de noble extraƈtion. Leur premier Grand Maiſtre fut Raymond de Podie, qui depuis compoſa & publia les conſtitutions ſelon leſquelles vivent encores à préſent ces Chevaliers. Ils obſervent la reigle de S. Auguſtin, & diſent certain nombre de *Pater noſter*, au lieu des heures canoniales, & promettent foy, obédience & chaſteté. Ils portent les armes en l'honneur de Dieu & de S. Jean Baptiſte (lequel, comme nous avons dit ils tiennent pour

patron) pour la défenſe de la foy Chreſtienne.
Or au meſme temps que ces Chevaliers commencèrent à s'eſtablir en l'hoſpital S. Jean de
Hiéruſalem, il y eut auſſi des femmes qui firent le meſme pour recueillir les femmes pélerines, ainſi que Gérard en avoit fait un pour
les hommes. Celui des femmes s'appelloit de
S. Marie Magdeleine, le tout ſous la conduite
d'une fort honneſte Dame nommée Agnès, laquelle avec ſa troupe prit l'habit & vie régulière, ainſi qu'avoit fait Gérard.

L'Ordre des Chevaliers nommez Templiers.

L'EXPEDITION de la guerre ſainɛte ayant
eſté autant heureuſement achevée que religieuſement entrepriſe ſous la victorieuſe conduite
de Godefroy de Bouillon, l'Ordre des Chevaliers du Temple, ou des Templiers (du quel
l'on rapporte l'inſtitution du temps de Gelaſe II)
fut eſtabli par les Princes François pour conſerver en la Terre-ſainɛte ce qu'ils y avoient
acquis ſur les Sarraſins. Les deux premiers autheurs de cet inſtitut furent Hugon de Payennes, & Godefroy de Sainɛt Aumard Chevaliers.

Et d'autant que le Roy Baudouin leur deſtina certain lieu près le Temple pour y demeurer, les Chevaliers de cet Ordre furent nommez les Frères de la milice de Temple, & plus communément Templiers. Depuis, le Roy avec les principaux du Royaume & le Patriarche Grammont, qui préſidoit pour lors en l'Egliſe de Hiéruſalem, leur aſſignèrent quelques biens & revenus pour leur vivre & veſture. Il leur fût enchargé par le Patriarche & par les Eveſques, que pour la rémiſſion de leurs péchez ils euſſent à maintenir de tout leur pouvoir ces chemins libres de voleurs, pour la sureté des pélerins leſquels ils devoient conduire & remener en sûreté. Depuis leur inſtitution, ils demeurèrent l'eſpace de neuf ans en habit séculier, lequel leur eſtoit fourni par le peuple par charité & aumoſne. Mais il y eût depuis un Concile à Troyes en France, où leur fût donnée une reigle qu'on tient avoir eſté dreſſée par Sainct Bernard, ſans aucune croix, par ordonnance du Pape Honoré & d'Eſtienne Patriarche de Hiéruſalem. Ils demeurèrent encores quelques ans en cet habit, mais ils commencèrent dès lors à multiplier ſelon qu'ils enrichiſſoient. Et an temps du Pape Eugène III du nom, & par ſon authorité, ils commencèrent de coudre des croix rouges ſur leurs manteaux afin d'eſtre par ceſte différence remarquez entre les autres, & pour monſtrer qu'ils avoyent conſacré leur ſang pour la protection & défence de la Terre ſaincte &

des autres lieux de la Chreſtienté contre les infidèles. Ceſte croix eſtoit octogone, à l'inſtar des Chevaliers de S. Jean, bien que Hiéroſme Romain Eſpagnol maintienne qu'elle eſtoit double & comme Patriarchale, telle que la portoyent les Hongres en leurs armes. Ceſte religion devint enfin ſi puiſſante qu'elle eſgaloit en richeſſe les plus puiſſans Rois. Et comme l'an 1087, Hiéruſalem eut eſté prise par les infidèles, les Chevaliers Templiers ne laiſsèrent point de combattre toujours vaillamment pour la religion. Toutefois, l'an 1311 il pleut au Pape Clément V d'abolir cet Ordre de Templiers pour les énormes péchez & grandes fautes qu'on diſoit qu'ils avoyent commiſes. Leurs richeſſes fûrent diſtribuées à divers Chevaliers, comme à ceux de Rhodes, de S. Jaques, de Calatrave, & de Alcantara en Eſpagne.

L'Ordre des Chevaliers Theutoniques de l'Hospital de Sainɛte Marie en Hiéruſalem, ou autrement, les Porte-Croix, ou Marianes.

ENVIRON ce meſme temps, Frédéric II à l'inſtance du Pape Grégoire VII, ayant conduit une grande armée en Syrie pour avancer le progrez de la guerre fainéte, il fut caufe d'inftituer cet Ordre & de les inftaler en l'Eglife & hofpital de S. Marie en Hiérufalem, & fût approuvée du Pape Céleftin III, fous la reigle de S. Auguftin. Ceux-ci, avec les Chevaliers du Temple & de S. Jean confpirèrent à mefme fin & mefme intention, s'eftans comme affociez à une mefme profeffion, n'en eftans prefque différens que de leurs croix noires qu'ils portent coufues fur leurs manteaux blancs. Henri Walpot fut le premier grand Maiftre. Depuis ils adjouftèrent à leurs efcuffons le rofaire qui environnoit la croix qui a efté dite ci-deffus. De là eft venu qu'on les a appellez Marianes & Porte-croix. Et après la prife de Hiérufalem, s'eftans retirez à Prolemayde, l'Empereur Frédéric les tranfporta en Allemagne & les mit en la province de Pruffe, ennemie pour lors de noftre religion, afin de la conquérir & l'affujettir au Chriftianifme, & ce, fous l'authorité de Grégoire IX. Enfin, l'an de noftre falut 1279 cefte province ayant efté fubjuguée, on les appella Teutoniques & Pruffiens. Cefte conquefte fe fit fous la conduite de Herman Saltza qui arbora le premier l'enfeigne de la croix en cefte province, ce qui leur concilia l'amitié & la bienveuillance de tous les Princes Chreftiens. Depuis ils ont eu de grandes guerres contre les Lithuaniens, Polonois & Tartares. Les Preftres & les Chevaliers de cet Ordre portent en leurs manteaux cefte croix noire coufue deffus en broderie d'argent. Le séréniffime Maximilian d'Auftriche eft maintenant leur grand Maiftre, qui porte fes armes mi-parties de la maifon d'Austriche & de celles de l'Ordre. Et bien que la Pruffe foit maintenant fujette au Roy de Pologne, toutefois, on ne laiffe pas d'eslire un grand Maiftre qui jouit avec les fiens des biens qu'ils ont en Allemagne.

L'Ordre des Chevaliers de S. Jean d'Accon & de S. Thomas.

A l'imitation des Ordres des Chevaliers fufdits l'on en a inftitué plufieurs autres, entre lefquels fut celui des Chevaliers d'Accon & de S. Thomas, de l'origine & inftitution defquels, bien que l'on ne trouvera rien de certain, l'on trouve toutefois qu'au commencement d'icelle, ils s'occupoyent à affifter charitablement ceux qui venoyent vifiter les lieux fainéts de tout ce qu'ils avoyent befoin, mais avec le temps ils y adjouftèrent les armes à l'exemple des Chevaliers de S. Jean, ce qui a efté caufe de les faire inférer entre les Ordres Militaires. Hiérofme Romain dit qu'ils floriffoient en Efpagne y régnant Alphonfe furnommé le Sage, & que ce Roy leur légua par fon teftament tous fes meubles avec quelque fomme d'argent. Mais Toftat fur Jofuè dit qu'il n'eftoit prefque plus aucune mémoire d'eux. Quant à l'Ordre de Sainct Thomas, qui militoit fous la reigle de S. Auguftin, il fût conjoint avec le précédent par le Pape Alexandre IV.

La Paleftine nous a donné encores quelques autres Ordres, comme celui de S. Blaife, de S. Marie & celui de la Pénitence des faincts Martyrs. Hiérofme Romain affure avoir vu les frères de ce dernier Ordre qui portoyent une croix rouge & tenoyent la reigle de S. Auguftin.

L'Ordre des Chevaliers de S. Sauveur en Arragon.

ENVIRON l'an 1118, Alfonfe Roy d'Efpagne, de Navarre, d'Arragon, de Caftille & de Tolède du cofté de fa femme Utraca, défirant d'extirper les Mores de Sarragoffe & d'Arragon, & voyant combien les provinces voifines s'eftoyent bien trouvées des Ordres Militaires que chacun avoit eſtabli chez foi, il inſtitua en la ville de Montréal après la priſe de Calatrava, l'Ordre des Chevaliers de S. Sauveur; avec promeſſe de favoriſer & d'eſtre le ſupport de ceux qui ſe porteroyent le plus valeureuſement à la guerre qu'il prétendoit faire contre les infidèles; ce qui lui réuſſit ſi heureuſement, que l'an 1120, il les força de vuider toutes ces contrées qu'ils avoyent occupées. Cela fut cauſe que ce Roy donna à cet Ordre de grands & riches revenus.

L'Ordre des Chevaliers de Mont-Joye en Syrie, qu'on appelle en Caſtille de Monſiac, & en Cateloigne de Mongoia.

DU temps que les Princes Chreſtiens conqueſtèrent la Syrie, l'Ordre des Chevaliers de Mont-Joye fut inſtitué, leſquels prindrent leur nom d'une montagne ainſi nommée proche de la ville de Hiéruſalem, comme en fait foy la bulle de ſon approbation donnée par le Pape Alexandre III, l'an 1180, conſervée aux Archives de Calatrava. Cet ordre receut de grands biens des Princes Chreſtiens en conſidération de l'affiftance qu'ils leur avoyent rendue pour recouvrer la Terre fainéte.

Le mefme Hiérofme Romain fait mention d'un autre Ordre de Chevaliers qu'il nomme de Truxillo, ayans pris ce nom là de la ville où ils commencèrent cet Ordre qui fut enrichi de plufieurs grans dons par le Roy Alfonfe, lequel leur donna encores fainété Croix, Zufole, Cabime, Albate, & quelques autres, & ce, l'an 1213.

L'Ordre des Chevaliers Porte glaive, ou Gens d'armes de Chrift en Livonie.

ENTRE la Pruffe, Lithuanie, Ruffie & Moscovie eft fituée la province de Livonie, les Potentats de laquelle s'eftans alliez des Chevaliers Teutoniques defquels il a efté parlé ci deffus, à leur imitation firent un Ordre de Chevaliers confirmé par Innocent III, prenans pour blazon deux efpèces de couleur rouge en forme de Croix S. André, qu'ils faifoyent coudre fur leurs manteaux. Leur premier grand Maiftre s'appelloit Univus avec lequel ils firent de grands progrez & conquirent plufieurs places en la Ruffie. Depuis ils s'unirent avec les Teutoniques; mais ayans eu plufieurs différens enfemble ils s'en féparèrent moyennant une bonne fomme d'argent qu'ils payèrent environ l'an 1348. Enfin cefte Province ayant efté infectée de l'héréfie de Luther, cet Ordre fut du tout efteint, ayant flori l'efpace de 357 ans.

L'Ordre des Chevaliers de S. Jaques en Efpagne.

LA fépulture du glorieux Apoftre S. Jaques ayant efté defcouverte en Efpagne & la renommée des miracles qui fe faifoient journellement en ce lieu efpandue de toutes parts, caufa une grande dévotion, non feulement aux peuples de l'Efpagne, mais à ceux encores des Provinces plus esloignées. Mais d'autant que le chemin, à caufe des rochers & ftérilité de la terre eftoit fort difficile & que les Mores volloient & pilloient des Pélerins, la crainte du danger empeschoit plufieurs d'entreprendre le voyage. Cela fut caufe que les Chanoines réguliers de S. Eloy qui avoient leur demeure non guère loin de Compoftelle pour y donner quelque remède baſtirent pluſieurs logis ſur le chemin qui vient de France pour y loger les Pélerins afin de les garantir du danger; leur principal & plus excellent deſquels, fut celui qui fut baſti aux fauxbourgs de la ville de Leon ſous le nom & titre de S. Marc; qui leur acquit tellement la bienvueillance d'un chacun, que pluſieurs Rois & Princes leur en firent de fort grands préſens en recognoiſſance de ce bienfait. Depuis à l'imitation de ces Chanoines pluſieurs Gentils-hommes de Caſtille déſirèrent de faire le meſme & pour mieux parvenir à leur desſein, firent de toutes leurs poſſeſſions & richesſes une maſſe, afin de s'en ſervir en commun.

Ces Gentilshommes donc, par la diligence du Cardinal Jacynte ayans pris réſolution de ſe conjoindre avec leſdits Chanoines, ils propoſèrent de dreſſer une manière de vivre telle qu'ils déſiroient obſerver à l'advenir ſelon la reigle de Sainct Auguſtin laquelle ces Chanoines obſervoient, & l'envoyèrent au Sainct Père Alexandre troiſieſme, qui eſtait pour lors ſouverain Pontife, faiſant le chef de ceſte Ambaſſade Pierre Fernandez du pont Eucalate, lequel obtint du Pape une Bulle & la manière de vivre qu'ils devoient garder en date du 5 Juillet 1175. Leur premier grand Maiſtre fut ce Fernandez & pour demeure ordinaire fut donné à ces Chevaliers la maiſon de S. Marc à Leon. Leur livrée ou marque honoraire eſt une croix rouge en forme d'eſpée; Ceci eſt ſelon l'opinion de

Jean Mariana, au liv. 2 de ſon hiſtoire d'Eſpagne. Mais d'autres tiennent cet Ordre plus ancien, ramenant ſon origine au temps du Roy Alfonce le Chaſte, autres à l'an 348, quand Dom Ramire Roy de Caſtille défit 60 mille Mores près de Clavige, d'autant qu'en ceſte bataille les ſoldats s'eſcrioient: *Dieu nous aide & S. Jaques* lequel on vid à cheval portant une bannière blanche marquée d'une croix rouge. Mais la Bulle ſur laquelle on ſe fonde, qui a eſté donnée aux Religieuſes du cloiſtre du S. Eſprit en Salamanque n'eſt pas authentique, comme l'a remarqué le dit Mariana, & François Rhados Dandrada qui a eſcrit en Eſpagnol la chronique des trois Ordres de S. Jaques, de Calatrava, & d'Alcantara, dit que cet Ordre fut inſtitué l'an 1170 aux Royaumes de Léon & Galice par Dom Fernand Roy deſdits Royaumes & que long temps auparavant il y avoit une compagnie ou confrairie des Chevaliers de S. Jaques, ſans forme de religion. Il dit plus, que cet Ordre a eſté introduit en Caſtille par le Roy Dom Alfonſe IX & approuvé l'an 1175 de manière que les fondateurs de cet ordre militaire ſont ce Roy Dom Fernand, & Dom Pierre Fernandez premier grand Maiſtre. Onufre Pavini en ſa Chronique rapporte cet origine à l'an 1170. Les ſtatuts de cet ordre ſont nouvellement imprimez par Plantin à Anvers.

Catava ayant eſté emportée ſur les Mores par le Roi Sancius III, ſurnommé le Déſiré, l'an

1158 il fut mis entre les mains des Templiers, afin que par le moyen des fortifications qu'ils y feroient ils la rendiſſent comme un boulevert contre les infidèles : mais les Templiers ayans eſté avertis que ceux-là alloient fondre ſur eux en nombre preſque infini, ils remirent la place à la volonté du Roy & en ſortirent ne la trouvant pas aſſez forte pour ſouſtenir un ſiège, & comme pas un des grands Seigneurs du Royaume ne voulut entreprendre de la garder, deux Moines de Ciſteaux faiſans pour lors ſéjour à Tolède par occaſion, l'un nommé Raimond Filterius Abbé de Piſorie & l'autre Didacus Veleſens, tous deux fort valeureux aux armes qu'ils avoient laiſsées ; néantmoins pour ſervir à Dieu ſe réſolurent d'y entrer & de la conſerver & deffendre de tout leur pouvoir ; ce qu'ayant communiqué au Roy Sancius il l'eut pour très-agréable, comme eut auſſi Jean Archeveſque de Tolède qui leur fournit de moyens & d'hommes ſelon ſa puiſſance, perſuadant par ſon autorité & par ſes prières, tant nobles qu'autres d'entreprendre la deffence de ceſte place avec ſes deux Religieux pour le bien de la Religion Chreſtienne ; ce qui l'advança de ſorte que des hommes de toutes conditions venoient à trouppes pour le ſecours de ces gens de bien ; de manière que la ville fut ſi bien munie & fortifiée, que l'ennemi n'oſa jamais entreprendre de la venir attaquer. Voilà l'heureux commencement de ceſte milice : ſi bien que le Roy donna ce lieu en récompenfe à ces Religieux & à leurs compagnons, au nom de la Vierge Marie patrone de l'Ordre de Cifteaux. L'Abbé donna à fes derniers compagnons la vesture & la reigle de Cifteaux. Les blazons de cet Ordre furent au commencement une croix rouge & deux ceps au bas d'icelle où furent adjouftez par trait de temps, quatre fleurs de lys par Benoift XIII, qu'ils portèrent au lieu de fcapulaire. Alexandre III, l'an 1164 approuva depuis cet Inftitut par une bulle expreffe & le premier grand Maiftre s'appelloit Garfia.

Quand ces Chevaliers font en quelque affemblée, ils portent une robbe blanche & fur icelle, comme auffi fur la poiƈtrine, une croix rouge de la forme que nous venons de dire. Le Pape l'an 1396 leur ncéda de fe marier une fois fans toutefoi prendre une seconde femme; ils eftoyent jadis tenus de vivre comme Religieux en chafteté perpétuelle; de forte que comme vous pouvez voir les premiers inftituteurs de cet Ordre furent Sanche Roy de Caftille, & Raymond Abbé de Fitere.

L'Ordre des gens d'armes de Jéſus Chriſt institué par St-Dominique contre les Albigois hérétiques.

LES Comtez de Tholoſe & de Lombardie eſtans preſque toutes infectées de l'erreur des Albigeois, St-Dominique preſcha contr'eux avec un tel profit, qu'on tient qu'il en convertit iusques à cent mille, choiſiſſant quelques dévotes perſonnes pour extirper par le glaive matériel ceux là de ces hérétiques qui ne ſe laiſſeroyent toucher du glaive ſpirituel de la parole de Dieu. A ceux-ci il ordonna une certaine reigle de vivre ſpirituellement par deſſus le commun des Séculiers & au deſſus de celle que meinent les Religieux. Ils furent appellez en ce temps-là les Frères de la milice de ſainct Dominique.

Or ces hérétiques eſtans entièrement extirpez, ceux qui s'eſtoyent dédiez pour cet effect ne laiſsèrent pas de continuer ce genre de vie jusqu'à leur mort & leurs femmes les ſurvivans, elles vivoient en continence & les hommes faiſoient le ſemblable s'ils ſurvivoient les femmes. Quelque temps après des perſonnes indifféremment mariez & non mariez ont embraſé ceſte milice, qui fut finalement nommée des Frères ou des Sœurs de la pénitence de St-Dominique. Innocent VI approuva leur reigle l'an 1360.

L'Ordre des Chevaliers d'Alcantara au Royaume de Léon.

GOMESIUS Ferdinand, Chevalier & grand Seigneur entre ceux du Royaume de Léon, fous les aufpices de Ferdinand Roy de ce Royaume & de Galice, inftitua cefte Chevalerie contre les Mores qui eut au commencement le nom de St-Julian de Pirario ; d'autant que la première maifon qu'ils eurent eftoit en un bourg ainfi nommé. Le Roy fe déclara protecteur de cet Ordre par lettres expreffes l'an 1176. Et le Pape Alexandre III l'approuva. Et l'an 1183 le Pape Lucius troifiefme, le confirma & l'exempta de la jurifdiction des diocéfains. Leurs armes furent un poirier vert en champ d'or jufques au temps qu'Alphonce huictiefme donna aux Chevaliers de cet Ordre Alcantara ; place fituée au bord du fleuve Tagus (remarquable en l'ingénieufe ftructure de fon pont ; par l'incorporation qu'il en fit avec ceux de l'Ordre de Calatrave auxquels ce lieu avoit efté premièrement donné, mais par raifon d'eftat remis à ces derniers avec convention toutefois, qu'ils feroient fubjets à ceux-là. Pour marque de quoi, par l'ordonnance de leur grand Maiftre, furent adjouftez deux ceps qui eftoient en la devife des autres, & furent appellez par après Chevaliers d'Alcantara. Finalement l'an 1411, les Chevaliers de cet Ordre obtindrent du Pape Benoift treiziefme, qui fe difoit Pape en Efpagne, de porter fur la poitrine vers le cofté gauche, la Croix verte faite en forme de lys. Ils vivent fous la reigle de Sainct Benoift & promettent en leur profeffion obéïffance à leurs fupérieurs, chafteté conjugale & de vivre le plus fainctement qu'il leur fera poffible tous les jours de leur vie. Le Pape Adrian fixiefme annexa depuis en faveur de Charles le V, jadis fon difciple, ces trois Ordres de Sainct Jaques, Calatrave & Alcantara à la Couronne de Caftille & de Léon à perpétuité.

---

*L'Ordre des Chevaliers
de la Glorieufe Vierge Marie en Italie.*

L'AN mil deux cens trente-trois, Barthélemy de Viceney, de l'ordre des Frères Prefcheurs, fut autheur de ces Chevaliers qu'il inſtitua pour concilier la paix par les villes d'Italie & exterminer toute eſpèce de diſcorde et de diviſion. Le Pape Urbain IV, l'an mil deux cens ſoixante et deux l'approuva. Leur habit eſtoit une robbe blanche & une robbe griſe & portoient pour leur deviſe une Croix pourprée en champ blanc, avec quelques Eſtoilles au deſſus. Leur devoir eſtoit de prendre en leur protection les veuves & les orphelins & de procurer la paix & concorde entre les autres. Ils ont eſté appellez les Frères Joyeux, d'autant qu'ils vivoient paiſibles & contents en leurs maiſons avec leurs femmes & enfans, ainſi que dit Sigonius, & autres.

L'Ordre des Chevaliers de Monteſe au Royaume de Valence.

LES Chevaliers de Monteſe furent ainſi appellez du lieu principal de leur réſidence, ayant eſté inſtitués au meſme temps que celui des Templiers fut aboli; de ſorte que tous les biens que ceux ci poſsédoient au Royaume de Valence furent conſignez à ceux de Monteſe à condition de défendre & garder les frontières de Valence à l'encontre des Mores. Leur ordre fut approuvé par Benoiſt XIII, & Martin V. Ils portent l'habit blanc, & par deſſus une croix rouge toute ſimple.

L'Ordre des Chevaliers de Jéſus Chriſt en Portugal.

DENYS, ſurnommé Perioca, Roy de Portugal, neveu d'Alphonce X Roy de Caſtille & de Léon, inſtitua cet Ordre appellé communément de Portugal, ou de Chriſt. Il ordonna que leurs blazons ſeroient une robbe noire & une croix noire coupée d'une autre blanche y attachée. Le Pape Jean XXII, l'an 1321, leur preſcrivit de tenir la reigle de St-Benoiſt. Leur devoir eſt de faire la guerre aux Mores qui habitent la Betique. C'eſt par leur vertu que l'Empire des Portugais s'eſt eſtendu juſques bien avant en l'Orient & encores en Afrique, au Braſil, & autres parties Occidentales.

L'Ordre des Chevaliers de la Banca, & de la Scama, entre les Espagnols, & de la Calza entre les Vénitiens.

L'AN 1332, Alphonse II, Roy de Castille, devant qu'il fust parvenu à la royauté institua en la ville de Victoria l'Ordre des Chevaliers de la Bande, ainsi appellez, d'autant que le jour qu'ils estoient ordonnez par le Roy, comme grand Maistre de ceste Chevalerie, il leur pendoit une bande rouge large de 4 doigts en escharpe, du dessus de l'espaule droite au dessous du bras gauche. Les enfans des nobles y estoient admis après avoir esté au moins dix ans aux armées, excepté les aisnez. Il a esté fort estimé autrefois, mais en fin pour ne point démentir la vicissitude des choses humaines, il est descheu. Quant à celui de la Scama, Jean II, Roy de Castille, en fut autheur & fut en fort grand honneur de son règne au rapport de Hiérosme Romain, bien qu'il dise n'avoir pu apprendre que c'estoit que de la Scama quelque recerche qu'il en ait pu faire.

A l'imitation des Chevaliers de la Bande, les Vénitiens instituèrent au mesme temps ceux de la Calza presque avec les mesmes loix. Aucun n'y pouvoit estre receu par le Duc ni par le Sénat, qui ne fust noble d'extraction. Cet Ordre se renouvella l'an 1562, & fut favorisé de nouvelles graces & privilèges. André Etten, excellent en l'Anatomie & Médecine & bien versé en toutes sciences, ne trouve pas qu'ils ayent eu autres armes qu'un collier d'or où pendoit l'image de St-Marc, ou d'un lyon aîlé avec cet Eloge: *Pax tibi, Marce.* Encor le dit-il par conjecture, fondée sur ce que le Duc & le Sénat de Venise voulans dignement récompenser plusieurs grands personnages d'entr'eux qui avoient obligé la République par quelques signalez services, ils les ordonnoient Chevaliers & leur donnoient ce collier d'or avec ceste devise.

L'Ordre des Chevaliers Avesiens vulgairement appellez des Advis en Portugal.

LES Chrestiens s'estans rendus les maistres de la ville d'Ebora, célèbre en Portugal pour le séjour ordinaire qu'y faisoyent les Rois; le Roy Alfonce recognoissant que son assiette & sa force estoyent tout propres à guerroyer les Mores, il y establit la principale demeure des Chevaliers qui se nomment au Royaume de Castille de Calatrava, & en Portugal des Advis lesquels furent toutefois appellez au commencement Eboreaces, du nom d'Ebora, ville qu'on tient leur avoir esté donnée par Ferdinand Monteyro leur premier grand Maistre, en l'honneur de la Vierge Marie, patrone de l'Ordre de Cisteaux afin que par leurs continuelles courses sur les Barbares ils les contraignissent enfin de vuider le pays.

Or leur troisiesme grand Maistre, qui s'appelloit Alphonse Avensis, ayant conquis sur les infidèles le chasteau Avisin, il le donna à la compagnie, laquelle il transporta afin d'estre plus près de leurs ennemis & de les traverser davantage. Depuis le nom de ce chasteau leur est demeuré. Cet Ordre fut confirmé par Innocent III l'an 1204. Au reste, Roderic Garzia huictiesme grand Maistre de Calatrava ayant enrichi de plusieurs grands revenus ces Chevaliers Avisins, ils se sousmirent aux loix & réformations de son Ordre, sous le gouvernement duquel ils demeurèrent jusques au temps de Jean leur grand Maistre, qui fut fils naturel de Pierre VIII, Roy de Portugal. Car ce Roy à la sollicitation (comme il est croyable) de son fils sépara cet ordre des Avisiens d'avec celui de Calatrava, leur ordonnant qu'ils portassent doresnavant une croix verte sur un tronc aucunement long en leurs blazons, en ayant osté le poirier à la distinction des Chevaliers d'Alcantara, bien qu'ils la portassent rouge auparavant telle que la portoyent les Chevaliers de Calatrava, ainfi qu'il fe voit en l'ancien feel de l'ordre, où eftoyent à la baze de la croix, ainfi que dit François Radofius, deux petits oifeaux. Ils fuivent la reigle de Cifteaux. Quoi que c'en foit, Radofius confond bien à propos ces deux ordres des Avifiens & de Calatrava, puis qu'en fin par traict de temps, de deux ne s'en eft fait qu'un & au contraire Volaterran s'eft trompé qui les joint avec ceux d'Alcantara, comme l'a remarqué Hiérofme Romain & Gonfalve Argotes de Melina au livre 1, chap. 32, de la Nobleffe d'Efpagne.

L'Ordre des Chevaliers de la Table Ronde.

ON dit qu'Artus Roy d'Angleterre ayant choifi vingtquatre gentilshommes les plus belliqueux & les plus expérimentez aux armes qu'il peut, il les ordonna Chevaliers & comme eftans efgaux en vertu il les aimoit efgalement, pour leur ofter tout fujet d'envie & qu'il vouluft en favorifer l'un plus que l'autre, il fit faire une table ronde où ils prenoyent ordinairement leur repas, en laquelle comme il n'y avoit ni haut ni bas bout, & en ce faifant nul ne fe pouvoit dire ni premier ni dernier affis,

ni plus ou moins honoré que fon compagnon
& de là ils ont efté nommez Chevaliers de la
Table Ronde. Le menu peuple d'Angleterre
croit que cefte table eft gardée au chafteau de
Winton & que deffus font gravez les noms de
ceux qui ont efté de cefte Chevalerie.

Guillaume Camdene croit l'inftitution de cet
Ordre plus récente & la rapporte à la couftume
qu'on avoit autrefois de faire des Tournois, où
l'on ne s'exerçoit aux armes; car afin que les
premières ou dernières places ne donnaffent
quelque fujeêt de querelle aux grands qui y
affiftoyent, l'on n'ufoit que de tables rondes où
ils s'affeoyent indifféremment, fans prendre garde
qui eftoit le premier ou le dernier.

*L'Ordre des Chevaliers de la Jartière
en Hiérufalem.*

LE Roy Edouard III d'Angleterre inftitua
cet Ordre de la Jartière l'an 1350 pour purger
le foupçon qu'aucuns avoyent pris de la Com-
teffe de Salisbury qu'il aimoit fagement, de laquelle il avoit levé la jartière bleue qui lui
eftoit tombée en dançant & adjoufta pour de-

vise: *Honni soit qui mal y pense*, à cause que les gentilshommes qui estoyent là présens s'estoyent pris à rire. Disant qu'il feroit en sorte que ceste jartière lui rendroit tout honneur & révérence; ce qui advint par l'institution de cet ordre de Chevaliers auxquels il en donna le nom. D'autres disent que cet Ordre print son nom d'une bande qu'Edouard donna aux siens pour mémoire perpétuelle de la victoire que ce Roy avoit obtenue à Poictiers contre Jean, Roy de France. Ils mettent ceste bande au dessous du genouil gauche, laquelle ils attachent avec une boucle en signe de l'amour & concorde qui doit estre en ceste société & sur leurs manteaux portent attachée la croix rouge de sainct George dans un escu. Pour le grand collier de l'Ordre qu'ils ont coustume de porter au jour de leur création, il n'est autre que leur jartière reprise a plusieurs doubles, où sont entremeslées des roses blanches & noires, d'où estoit pendante l'image de St-George, lequel il voulut estre leur Patron en l'honneur duquel il avoit fait bastir une Eglise fort magnifique au chasteau de Windessore quelque temps auparavant. D'autres rapportent encore l'invention de cette milice à Richard premier & disent qu'Edouard ne la fit que renouveller, mais cela est trop incertain. Quoi que ce soit, les solennitez de cet Ordre se célèbrent tous les ans à jour préfix en ce chasteau de Windessore le jour de la feste de sainct George, le Roy y présidant.

L'Ordre des Chevaliers du Bain en Angleterre.

NOUS n'avons rien de certain de ces Chevaliers, sinon que Henri IV Roy d'Angleterre, le jour qu'il fut sacré au chasteau de Londres, il créa Chevaliers 46 escuyers qui avoyent veillé la nuict précédente & avoyent usé du bain, auxquels il donna à chacun des tuniques vertes à manchettes si longues qu'elles battoyent les talons, avec des mantes peluës qu'ils portoyent attachées à l'espaule gauche avec une cordelette de soye blanche double.

Le temps passé deux d'entre les nobles qui n'avoyent encore receu Chevalerie, estoyent choisis pour estre admis à cet ordre avec beaucoup de Cérémonie, ce qui se faisoit le jour du sacre, ou des nopces des Rois ou des Roines, ou lors que quelques uns de leurs enfans estoyent investis de quelque Duché ou Comté; car le jour devant ils estoient vestus de robbes grises approchantes de celles des Hermites, avec le cucule, le bonnet de lin & estans bottez & en cet accoustrement ils entendoient dévotement la Ste-Messe; puis quand le soir estoit venu ils alloient souper tous ensemble, deux escuyers servans un chacun d'eux avec un laquais. Après souper ils se retiroient en leur chambre où l'on avoit dresé à chacun son lict avec des courtines rouges où eſtoient attachées les armes de leurs maiſons & après eſtoit appreſté un vaiſſeau propre pour ſe baigner couvert de linceuls, où après s'eſtre recommandez à Dieu, ils ſe baignoient afin que doreſnavant ils ſe ſouvinſſent d'avoir tousjours le corps & l'eſprit net. Le lendemain de grand matin ils eſtoient réveillez au ſon de pluſieurs inſtrumens muſicaux & ſe veſtoient de meſmes accouſtremens que le jour précédent. Lors le Conneſtable d'Angleterre, un Mareſchal & autres deputez par le Roy les venoient trouver & les appellans par ordre chacun par leur nom ils leur propoſoient le ſerment qu'ils devoient faire, aſſavoir: de ſervir Dieu ſur tout, de deffendre l'Egliſe & d'honorer le Roy & deffendre ſes droicts, de prendre en leur protection les veuves, les vierges & les pupilles, & les maintenir de tout leur pouvoir. Après avoir juré ſur les Evangiles tous ces articles, ils eſtoient conduits à Matines les Muſiciens du Roy & ſes Hérauts marchans devant. Les Matines dites, ceux-là meſmes les remenoient en leurs chambres où ils ſe déveſtoient de leurs accouſtremens précédens & prenoient un manteau de veloux bleu-céleſte pour repréſenter que leur ardeur martiale eſtoit toute céleſte ; & mettoient un chapeau blanc avec un pennache de plumes blanches & des gands qu'ils attachoient à leur manteau d'une petite corde blanche & puis ils montoient ſur des chevaux ſellez & houſſez de cuir noir meſlangé de blanc avec une croix attachée ſur le front. Leurs laquais marchoient devant eux portants leurs eſpées dorées où pendoient leurs eſperons ſemblablement dorez, leurs eſcuyers eſtans à cheval a leurs coſtez & en ceſte pompe ils venoient chez le Roy les trompettes fanfarans au devant. Et eſtans ainſi arrivez en ſa préſence ils ſont conduits par deux anciens Chevaliers, puis leurs laquais donnent leurs eſpées avec leur pendant au grand Chambrier lequel les préſente au Roy en grande révérence pour les ceindre aux nouveaux Chevaliers, ce qu'il faiſoit. Puis il commandoit aux anciens Chevaliers de leur chauſſer les eſperons & ceux-ci ſouloient autrefois en finiſſant ceſte cérémonie leur baiſer les genoux en leur déſirant tout bien.

Or ces nouveaux Chevaliers ainſi ordonnez, avoient de couſtume anciennement de couvrir la table du Roy, puis y diſner tous enſemble, aſſis d'un meſme coſté. L'heure de Veſpres venue, ils alloient à la Chapelle & là offroyent leurs eſpées ſur l'Autel, leſquelles ils rachetoient d'une certaine ſomme d'argent. En retournant, le maiſtre cuiſinier du Roy leur venoit au rencontre & leur préſentant ſon cousteau les menaçoit de leur couper ignominieuſement les eſperons s'ils ne ſe monſtroient fidèles & bons ſoldats. Au jour du couronnement des Roys, ils les accompagnoient en pompe en leur rang, leurs eſpées ceintes, eſperonnez &

couverts de leur manteaux de couleur de bleu-céleſte fermez devant d'un ruban de ſoye blanche noué en Croix, avec le capuche pendant devers l'eſpaule gauche. C'eſt ce qu'en dit particulièrement Guillaume Camdene. Le blazon de cet Ordre eſt trois couronnes d'or dans un cercle d'or, avec ceſte deviſe, *Tria in unum*, attachée à une bande de lin, teinte en eſcarlatte.

L'Ordre des Chevaliers de l'Eſtoille en France.

JEAN de Valois Roy de France au mois d'octobre l'an 1352, inſtitua un Ordre de Chevaliers en mémoire de l'Eſtoille qui conduiſit les Roys en Bethlehem pour y adorer le Sauveur du monde nouvellement né; qui furent appellez les Confrères de noſtre Dame de St-Audoen, pource que le lieu de leur réſidence s'appelloit ainſi, lequel eſtoit eſloigné de Paris environ plus ou moins une lieue; autrefois on l'appelloit le palais de Chelcy, lequel leur fut donné avec l'Egliſe & toutes les appartenances & dépendances qu'il y avoit. Au commencement l'on n'admettoit en ceſte compagnie que les plus grands du Royaume. Leur blazon eſtoit une eſtoille pendue à un collier d'or, ou attachée au capuche de leur robe, ou bien quelque autre lieu plus apparent, avec ceſte deviſe, *Monſtrant Regibus Aſtra viam.* Mais comme pluſieurs perſonnes ignobles & roturières ſe fuſſent introduites en ceſte ſocieté ſous des faux donnez à entendre, elle deſcheut bientoſt de ſon luſtre, de manière que Charles fils de Jean, ordonna que ſes Gardes en porteroient les enſeignes pour le rendre plus vil. Aujourd'hui les Archers du Guet en la ville de Paris les portent ſur leurs caſaques.

L'Ordre des Chevaliers de l'Annonciade en Savoie.

AMEDÉE ſixieſme Comte de Savoye, ayant inſtitué cet Ordre, il le rendit célèbre par les grands & riches revenus dont il le fonda de ſon propre bien. Il voulut que le collier de cet Ordre fuſt compoſé de quatre petites lames d'or attachées à des chaînettes d'or ſe tenans les unes aux autres avec des petits nœuds que l'on appelle lacs d'amour & ſur chacune de ces plaques eſtoit eſcrit ces quatre lettres : FERT, l'image de la Vierge Marie & l'hifloire de l'Annonciation pendante au milieu, de laquelle cefte Chevalerie a pris fon nom. Quant à ces quatre lettres elle fignifioyent : *Fortitudo eius Rhodum tenuit;* ce qui fut dit à l'honneur d'Amedée, lequel, comme difent les Annales de Savoye, ofta cefte ville aux Turcs & la conquit à Jefus Chrift, ou pluftoft la défendit & conferva contre leurs forces. De forte que depuis ce temps là les Chevaliers de Rhodes prirent les armes de Savoye; qui eftoient meflées à celles des Ducs de Saxe parce que les premiers Princes de ce Duché en font defcendus; qu'ils adjouftèrent à la Croix argentée de leur Ordre en un efcu de gueulle, affavoir quand l'Ifle de Rhodes leur fut donnée par l'Empereur de Conftantinople, & cefte devife Fert demeura à Amedée & à fes fucceffeurs en mémoire de fa valeur. Les cerémonies de cet Ordre fe réitèrent tous les ans le jour de l'Annonciation de la Vierge Marie & y font ordonnez Chevaliers ceux que le Prince choifit. Quant au Comte Amédée il ne fe contenta pas d'inftituer cet Ordre, mais il voulut lui mefme y eftre enrollé avec quatorze Seigneurs des plus apparens qui fuffent en fes pays avec lefquels il faifoit le nombre de quinze en l'honneur des quinze myftères de la trèsfacrée Vierge Marie.

L'Ordre des Chevaliers de la Toifon d'or chez les Bourguignons, & ceux de la maifon d'Auftriche.

PHILIPPES, furnommé le Bon, Duc de Bourgogne, pour l'amour qu'il portoit à la Nobleffe, l'an 1430, au mois de Janvier, érigea cet ordre le jour de fes nopces avec Elizabeth fille de Jean Roy de Portugal, à la gloire de Dieu, de fa fainête Mère, & de St-André Apoftre & pour exciter davantage les cœurs à l'exaltation de la fainête foy, & les mouvoir à la vertu. Il donna à cet ordre le tiltre de la Toifon d'or, faifant allufion à la toifon de Gédeon qui fut trouvée en l'air d'un cofté pleine de rofée & de l'autre feiche, ainfi que l'on void dans des tapifferies de fon temps que l'on tend à la fefte de St-André, jour dédié aux folennitez de cet ordre. Il eft vrai que quelques uns difent que ces Chevaliers ont eu leur commencement de la légion Thébéenne, mais cela eft trop obfcur pour y affeoir aucun fondement. Le Duc Philippes ayant donc érigé cet ordre, il s'en déclara le grand Maiftre & donna à ces nouveaux Chevaliers une robbe de laine tinte en efcarlatte que fon fils Charles le Hardi changea en une de foye au Chapitre de Valenciennes, & un collier d'or où eftoit enlafé un fufil qui fembloit faire fortir du feu d'un caillou ; l'Emblefme de feu fon père, & au bout de ce collier la toifon d'or. Le tout avec obligation de remettre cela en l'ordre advenant qu'ils mouruffent, pour eftre donné à ceux qui le mériteroyent. Paradin en fes Symboles interprète ce blazon en forte qu'au fufil il donne cefte devife : *Ante ferit quam flamma mifcet* & à la toifon: *Pretium non vide laboris*. Les premières charges de cet inftitut font : le Chancelier, le Thréforier, le Roy d'armes & le Greffier qui jugent fans appel de tous les débats qui interviennent entr'eux & des crimes s'il y efchet. Philippes n'en fit au commencement que vingt-cinq, mais trois ans après il en adjoufla encores fix, de forte qu'ils eftoyent trente & un. Depuis, Charles le quint pour les diverfes provinces où il commandoit en augmenta le nombre jufques à cinquante & un ; mais depuis le Chapitre tenu à Gand par l'autorité de Grégoire XIII, on accorda à Philippes II Roy d'Espagne, confirmée encores à Philippes III par Clément VIII, qu'ils pourroyent créer des Chevaliers hors de Chapitre quand il leur plairoit. Ces Chevaliers ne peuvent eftre que des maifons qu'en Efpagne ils appellent *Grandes*.

Richard de Waffebourg en fes antiquitez Belgiques, fait mention des anciens Chevaliers du Cygne inftituez par Sulvius Brabon, duquel felon aucuns, le Brabant a pris fon nom ; leur donnant cet oifeau pour hiéroglyfique de la concorde qu'il vouloit eftre en eux.

*L'Ordre des Chevaliers du Porc-espic
en la maison d'Orléans.*

CHARLES Duc d'Orléans, qui fut après Roy de France & sixiesme du nom à l'imitation de Philippes Duc de Bourgogne, érigea l'ordre des Chevaliers du Porc-espic, portans en leurs baudriers la figure de cet animal avec ce symbole : *Cominus & Eminus*, comme dit Paul Joue. Aucuns n'estoyent enrollez en ceste compagnie qu'ils ne fussent de grande noblesse & de grande perfection aux armes. Depuis, Louys douziesme Roy de France & pourtant Duc d'Orléans & Comte de Blois comme son héritier, print la devise d'un Porc-espic couronné, avec ceste inscription : *Ultus avos Troiæ*, sur la monnoye mesme il en fit graver la figure, laquelle avec celle du loup estoit anciennement les armes des Comtes de Blois. Qui fut cause que Charles print ceste devise, ce fut que le Porc-espic se deffend de près & de loin contre les chiens, leur dardant à guise de sagettes ses picquerons, & Charles pour faire paroistre qu'il se tenoit asseuré contre tous revers de fortune & tousjours prest de se deffendre contre quiconque l'offenseroit, le donna pour blazon à ces Chevaliers.

L'Ordre des Chevaliers du Chardon de la Vierge Marie, en la maison de Bourbon.

LOUYS second Duc de Bourbon surnommé le Bon, fils de Pierre premier qui fut tué en la bataille de Poictiers que le Roy Jean eut contre l'Anglois, après avoir servi le Roy Charles V, & Charles VI contre ces peuples leurs ennemis. Retourné qu'il fut d'Afrique où il avoit conduit une armée contre les infidèles, lors que par les factions des maisons d'Orléans & de Bourgongne le royaume sembloit estre arrivé à sa dernière ruine. Le Bourguignon ayant institué l'ordre de la Toison, & l'Orléanois celui du Porc-espic, il institua l'ordre des Chevaliers du Chardon de la Vierge pour authoriser d'avantage son pouvoir qu'il employa entièrement à l'assistance & protection de Charles Duc d'Orleans, de Philippes Comte d'Evreux & de Jean Comte d'Angoulesme pupilles de Louys Duc d'Orléans son nepveu, contre le Bourguignon qui l'avoit misérablement occis. Le collier de cet ordre estoit d'or tissu de fleurs de lys avec un entrelacs en esgale distance de feuilles de chardon, d'où pendoit une croix & autour ceste devise: *Espérance*. Ce Prince honora de cet ordre les gentilshommes qui avoyent rendu quelque service signalé à la maison de Bourbon & quant à lui, il s'en déclara le grand Maistre. En signe de quoi, il adjousta à ses armes le collier qui estoit tout parsemé de fleurs de lys, le tout en champ d'argent & de gueulles sur un escu de couleur bleuë avec ceste inscription : *Espérance*. Quant à cet emblesme composé de lys & de chardons, le Duc Louys a voulu signifier sa constance contre toutes les adversitez qui lui pourroyent arriver & mesmes qu' il avoit espérance de plus grandes prospéritez, le chardon par ses feuilles picquantes représentant ce qui afflige & le lys qui a tousjours les feuilles vertes l'espoir, comme de tout temps il en a esté le hiéroglyfique entre les anciens.

L'Ordre des Chevaliers de St-André du Chardon, & de la Rüe au Royaume d'Escosse.

UNGUS Roy des Escossois sur le point de donner la bataille à Althelstam Roy des Anglois, il lui apparut au ciel une Croix fort lumineuse de la figure de celle sur laquelle St-André mourut martyr pour nostre Seigneur. Ce qu'ayant pris pour son augure il choqua son ennemi, le vainquit & mit à mort & tailla en pièce toute fon armée. En mémoire de laquelle victoire qu'il avoit obtenue, comme il eft incroyable, par les mérites de ce glorieux Apoftre, ce Roy voulut que cefte croix fut gravée fur fes armes & peinte aux enfeignes qu'on portoit en fes armées. Ce qu'encor obfervent religieufement les Roys d'Efcoffe. De là prit origine l'ordre des Chevaliers de St-André, célèbre en ce royaume, appellez communément les Chevaliers du Chardon. Les armoiries & monnoye du Roy font enfermées dans le collier de cet ordre plein de chardons avec cet éloge : *Nemo me impunè laceſſit* d'autant qu'on ne peut manier le chardon fans fe picquer. La figure de ce collier eft telle, c'eft un chardon d'or repris à plufieurs nœuds, dans lefquels font entez des fleurs de chardons portans attaché en bas l'image de St-André tenant devant foi la croix de fon martyre. Les armes réveftues de ce collier font un lyon rouge ancien & premier blazon du Roy Fergus, dans une mante de bleu célefte, frangée à fes bords de deux lignées tirées en rouge, avec deux rangs de lys enflez vis à vis d'un filet d'or que Charlemagne joignit aux armes d'icelle en tefmoignage de l'alliance qu'il traicta avec les Efcoffois & le Roy Achaius, qui eft encor aujourd'hui en fon entier. D'autant que fi le lyon eft l'armoirie de ce royaume, le lys l'eft de la France, de laquelle eftoit Roy cet Empereur, lequel, non content de cela, pour confirmer davantage ceſte amitié jurée il adjouſta au cercle de la couronne d'Eſcoſſe quatre lys d'or avec quatre croix de meſme eſgalement diſtantes les unes des autres, les lys toutefois un peu plus ellevez, afin qu'il parut à tout le monde que lors ce peuple excelloit en l'obſervation de la Religion Chreſtienne & intégrité de la foy. Quelques uns rapportent l'inſtitution de ces Chevaliers à Charles VI Roy de France, qui renouvella l'ancienne alliance des François avecques ceux d'Eſcoſſe & qu'en recognoiſſance du ſecours qu'ils lui avoyent rendu en ſes plus déſeſpérées affaires, il accreut leurs armes de celles de France. La première opinion eſt plus certaine.

Entre les Eſcoſſois a encore fleuri l'ordre des Chevaliers de la Rüe. Ses enſeignes eſtoyent un collier fait de deux branches de rües ou de chardon, où pendoit l'image de ſainct André avec ſa croix. Il ne ſe trouve rien de ſon origine.

L'Ordre des Chevaliers de ſainǛe Marie,
ou de l'Eléphant.

EN Dannemarc a fleuri l'Ordre que l'on dit avoir eſté inſtitué par le père de Chriſtiene

Roy de ce royaume. Ses blazons font un collier femé d'Eléphans ayant leurs tours & chafteaux fur le dos, avecques des efperons entrelaffez, portans en bas l'image de la Vierge Marie ceincte de rayons où tient une petite médaille d'or fur laquelle font gravez trois cloux, repréfentans ceux avec lefquels noftre Seigneur fut attaché à la croix. Les armoiries de ces Rois, qui font trois lyons verds en champ d'or femez de larmes de fang, ou de cœurs d'hommes, fe voyent environnées de ce collier.

Or, les Rois de Dannemarc ont donné le titre d'Eléphans à cefte Chevalerie & en ont orné leurs armes, d'autant que ces animaux femblent approcher le plus de la nature de l'homme & reluire, par manière de dire, en toutes vertus: comme de force militaire, de providence, de religion, de piété & de clémence royale, afin que ceux qui en feroyent honorez fe fouvinffent de s'avancer d'autant plus en la perfection de ces vertus fur ces animaux, que la nature de l'homme eft plus excellente que la leur.

L'ordre des Chevaliers de Cypre.

LA maifon de Lufignan qui a donné tant de Rois & de Princes à la Chreftienté, particulièrement au royaume de Hiérufalem, d'Arménie & de Cypre a donné commencement à cefte Chevalerie, encor qu'on ne fçache pas en quel temps. Ses enfeignes eftoyent un collier fait d'un cordon d'or où eftoyent enlaffez de grands charactères & au deffous pendoit une efpée ayant la lame d'argent & la poignée d'or, qu'entouroit cefte devife françoife : *Pour loyauté maintenir*, pour apprendre à ceux qui eftoyent de cet ordre qu'ils ne devoyent jamais laiffer paffer l'occafion de fe monftrer généreux & d'un grand courage, ne portant l'efpée que pour cela, & qu'ils devoyent conferver entr'eux la concorde & l'amitié pour la défenfe de la patrie, la terre Saincte dénotant le filence entre les anciens Romains. Les armes de ceux de la maifon de Lufignan font ceintes de ce collier.

L'Ordre des Chevaliers de la Colombe & de la Raifon en Caftille.

JEAN I Roy de Caftille, pour exciter fes courtifans & gentilshommes à entreprendre quelque chofe de grand & digne du rang qu'ils tenoyent, inventa cet ordre l'an 1300. Leurs blazons eſtoyent la figure d'une Colombe, où pendoit un collier d'or entremeſlé de rayons ſolaires, leſquels colliers eſtant à Ségobie le jour qu'on célébroit la feſte de St-Jaques, il en diſtribua dedans la grande Egliſe un grand nombre, les prenant ſur l'autel avec beaucoup de cérémonie & de ſolennité, & les donnant à ceux qu'il vouloit faire de cet Ordre, avec un livre des conſtitutions qu'il déſiroit qu'ils obſervaſſent.

Ce Roy inſtitua une autre Chevalerie qu'il nomma de la Raiſon, moins noble que la première, à laquelle il admettoit les gentilshommes de moindre marque, mais néantmoins qui ſe portoyent valeureuſement aux exercices militaires, comme à courir la lance & autres.

L'Ordre du Dragon entre les Allemans & les Hongres, du Tuſin en Bohême, & des Diſciplines en Auſtriche.

L'EMPEREUR Sigiſmond a teſmoigné un ſi grand zèle à l'advancement de la religion Chreſtienne, qu'il ne s'eſt contenté d'avoir livré pluſieurs combats aux Turcs & d'en avoir remporté

plufieurs grandes victoires, mais encore à fa
follicitation ont efté tenus deux Conciles géné-
raux, l'un à Conftance & l'autre à Bafle, pour
l'extirpation des héréfies & du fchifme qui tra-
vailloit pour lors la Chreftienté & fpécialement
en Bohême & en Hongrie. Et pour comble de
cefte fienne dévotion il érigea l'Ordre militaire
du Dragon; ainfi nommé, d'autant que les Chevaliers portoyent pour devife un dragon pré-
cipité; pour tefmoigner que par fon moyen le
fchifme & l'héréfie (dragons de la religion)
avoyent efté vaincus & fupplantez.

Hierofme Romain dit que du temps du Roy
Jean & des Empereurs Sigifmond & Albert, il
y avoit en Allemagne trois Ordres illuftres &
infignes & qu'un nommé Moyfe Didaco de Va-
lera, Efpagnol, pour la force & valeur les obtint
toutes trois, affavoir d'Albert de Draconique,
comme Roy de Hongrie. Du Tufin, comme Roy
de Bohême & du collier de l'ordre des Difci-
plines enrichi d'une Aigle blanche (qui font
les armes des Roys de Pologne eftant en champ
de gueule) comme Duc d'Auftriche. Aux his-
toires de Hongrie eft faite mention des Chevaliers Hongrois defquels le blazon eftoit une
Croix verte attachée à un manteau d'efcarlatte.
Hierofme Megyferus Hiftoriographe de l'Archi-
duc d'Auftriche, au traicté qu'il a fait des trois
genres de Chevaliers, dit que cet ordre a efté
inftitué il y a deux cens ans en Hongrie pour
s'oppofer aux Turcs qui tafchoient de l'occuper.

Ordres militaires au *Royaume de Suède.*

LE foin qu'ont eu autrefois les Roys & Princes des Gots, de faire perpétuer aux fiècles à venir l'honneur & la gloire qu'ils avoient acquife par les armes, fe remarque en leurs armoiries, drapeaux, blazons & boucliers qu'ils ont laiffez gravez en plufieurs lieux en la Flandre Auftrale dans le magnifique port d'Angoe, ville où les Roys de Suède prenoient les réfolutions de la paix ou de la guerre. On void encore fur des rochers, gravez par ordre alphabétique, les anciennes armoiries des excellents perfonnages qui ont autrefois flori entre ces peuples là. Ces Roys avoient anciennement pour devife deux Vierges couronnées, veftues de drap d'or, s'embraffans mutuellement dans une foreft verdoyante comme faifant gloire par là des belles Nymphes & Déeffes qui fréquentoyent en cefte Province. Après quelques fiècles toutefois, les Princes de Suède prindrent pour leurs armes trois couronnes en champ d'azur à caufe de la grande eftendue de leur domination, leurs magnifiques expéditions en guerre & l'inefpuifable abondance des métaux qui fe trouvent en ce pays. Depuis qu'ils fe furent convertis à la foy, ils inftituèrent les Ordres militaires à l'imitation des autres Princes Chreftiens, defquels l'un, avoit pour blazon un carquan d'or fait de plusieurs Chérubins & Séraphins attachez les uns aux autres & entremeflez de Croix Patriarchales, le tout enrichi de l'image de noſtre Seigneur.

L'Ordre des Chevaliers du Glaive & du Baudrier en Suède.

IL y a eu un autre ordre en Suède appellé des Porte-espées, à cauſe que leur collier eſtoit eſtoffé d'eſpées d'or jointes les unes aux autres par un Baudrier & leſquelles ſe ſembloyent choquer de leurs pointes enſanglantées comme ſymbole de la Juſtice & des armes, les deux colomnes d'un eſtat. Leur blazon eſtoit un bouclier d'or qui avoit la boſſe rouſſoyante où eſtoit peint un lyon jaune & rampant, à l'entour duquel il y avoit trois couronnes royales avec autant de clochettes rouges; deſſus ce bouclier eſtoit un heaume couronné d'une couronne murale argentée & couverte d'un pennache verd, de laquelle ſortoyent 2 enſeignes argentées, leſquelles portoyent peintes en leurs drapeaux 2 coqs rouges. Depuis que ce pays a eu changé de religion cet ordre a eſté entièrement eſteint.

L'Ordre des Chevaliers de l'Espic en Bretagne.

FRANÇOIS premier de ce nom, Duc de Bretagne, fils de Jean cinquiefme & nepveu de Jean quatriefme furnommé le Conquérant, qui tranfporta le premier ce Duché en la maifon de Montfort defcendue de ce grand Everard de Montmorency ; inftitua l'an mil quatre cens cinquante, l'ordre de l'Efpic, tant pour honorer la mémoire de fon ayeul que pour décorer davantage fa nobleffe. Il donna à ceux qu'il y admit un collier d'or trefsé d'efpics de bled, & nouez en lacs d'amour leurs queues fe jettans derrière, le tout revenant prefque à la forme d'une couronne de Cérés. A ce collier pendoient à deux chainettes, une Héremine desfus une petite colline verte avec cefte devife de Jean le Conquérant : *Amaire* fymbole d'une âme pure & généreufe. Cet animal, felon Pline, eftant fi amoureux de pureté que s'il eft pourfuivi des chaffeurs, fe voulant fauver dans fon clapier, s'il en trouve l'entrée fale & vilaine il aime mieux fe laiffer prendre que d'y entrer & fe fouiller en y entrant. Anne, fille de François fecond Duc de Bretagne & de Marguerite de Foix, fille de Gafton de Foix & de Eléonor Royne de Navarre, print prefque une femblable devife, affavoir : *Pluftoft mourir*, ainfi que l'on void encores aujourd'hui au chafteau de Bloys.

Cet ordre des Chevaliers de l'Efpic print fin, lors que la Duché de Bretagne fut incorporée à la couronne de France par le mariage de la fufdite Anne avec Charles huictiefme. Depuis le décés de ceftui ci; à Louys douziefme Roy de France.

L'Ordre des Chevaliers du Croiffant entre les Angevins & Siciliens.

RENÉ Duc d'Anjou & Roy de Sicile, de Naples & Hiérufalem, fonda cet Ordre en l'Eglife de Sainct Maurice, Cathédrale de la ville d'Angers & donna à ceux qu'il y admit un collier d'or, où eftoit attaché un croiffant avec cefte devife: *Lors en croiffant*. Perfonne n'eftoit receu en cette Chevalerie fi premièrement il n'avoit rendu quelque fignalé tefmoignage de fa valeur, ce que l'on reconoiffoit au nombre des combats aufquels il avoit affifté, par des petits baftons enfermez chacun avec un anneau qui leur pendoit du col, avec une petite bande.

Les premiers qui furent honorez de cet ordre

furent Jean frère aifné du Roy fufdit, qui eftoit Duc de Lorraine & de Calabre; le Vicomte de Ballote & Eftagi Bertrand Seigneur de Beauvais & autres, les noms defquels font en cefte Eglife de Sainct Maurice d'Angers. Ces Chevaliers eftoient obligez de participer & comuniquer efgalement à la fortune bonne ou mauvaife, des uns ou des autres & de fe prefter charitablement aide & fecours en toute néceffité fans qu'aucun peuft offencer l'autre par armes. La famille d'Anjou ayant efté efteinte par la mort de ce Roy, cet ordre print fin auffi.

L'Ordre des Chevaliers de la navire
ou de la Coquille.

LES François eftoient anciennement fort fçavans & expérimentez aux armes, felon que le rapportent Pacatus, Apollinaris, & Sainct René. S'adonnans à la marine avec une telle affection, qu'ils arreftèrent, que, fi en quelque nation que ce fuft, ils baftiffoient une ville pour y faire leur demeure, fes armoiries feroient une navire. Ceux-ci difent qu'ils pouvoient bien avoir appris cefte expérience des Gépides qui

ont autrefois tenu tout l'Océan Germanique:
s'y eſtans en fin rendus ſi bons maiſtres, qu'ils
ont excellé tous les autres peuples par de ſi belles expéditions d'outre-mer, en teſmoignage
dequoi, St-Louys fit marquer certaine monnoye
d'un navire & de coquilles de mer. Et c'eſt
l'ordre d'une certaine Chevalerie en France,
qui portoit pour deviſe deux navires de couleur
noire dans un eſcu en champ d'or fait de coquilles de mer, dans leſquelles eſtoient deux
demies lunes de couleur rouge, pour mémoire
de tant de victoires que les Roys de France
ont emportez ſur les Barbares de l'Orient &
de leurs drappeaux qu'ils leur ont enlevez
marquez de la figure de cet aſtre nocturne; lequel eſt l'enſeigne des Turcs, comme l'aigle
eſtoit des Romains, l'ayant pris de l'ancienne
Byzance qui l'avoit pour ſes blazons; ainſi que
Lypſius dit l'avoir obſervé dans Burbec, & de
certaines médailles antiques, au revers deſquel-
les eſtoit une demie lune avecques ceſte inſcrip-
tion: BYZANTIΩN.

L'Ordre de St-Michel en France.

LOUYS VI tranſporta des Romains aux
François la couſtume que les Grands ont de por-

ter un collier d'or, lors, dit Gaguin, que le
1 d'Aouſt l'an 1469 il inſtitua à Amboiſe l'ordre
de St-Michel, qu'il augmenta de nouvelles cons-
titutions au Pleſſis lez Tours, donnant pour deviſe à ceux qu'il admit à ceſte Chevalerie le
collier d'or tiſſu de coquilles attachées les unes
aux autres; à guiſe de celles que les Sénateurs
Romains portoient ſur le bras un peu eſlevées
en dehors, avec ceſte deviſe: *Immenſi tremor
Oceani;* provoqué à cela par l'exemple de ſon
père Charles VII, qui avoit en ſes enſeignes
l'image de cet Archange lors qu'il fit ſon entrée à Rouen, à cauſe que par un miracle ſpé-
cial il avoit eſté vu ſur les ponts d'Orléans
deffendant ceſte ville-là contre les Anglois en
un aſſaut qu'ils lui livroient. Au commencement le nombre de ces Chevaliers n'eſtoit que
de trente des plus grands & plus vertueux du
Royaume, deſquels le Roy voulut eſtre le grand
Maiſtre. Or, ceux qui ſont admis à ceſte compagnie, s'obligent par promeſſe particulière d'o-
béir au Roy & n'en peuvent eſtre caſſez ſi ce
n'eſt pour crime d'héréſie où de lèze Majeſté, où
pour avoir quitté ſon rang en guerre & s'en
eſtre fuy par couardiſe. Or, lors que quelqu'un
eſtoit mort, il falloit en eſlire quelqu'un en ſa
place, on ne le faiſoit point par vœux & ſuf-
frages, mais avec des petits billets ſignez que
les Vénitiens appellent balottes, qu'on mettoit
en un baſſin après que le Chancelier les avoit
comptez. Celui qui en tiroit le plus eſtoit receu

par le Prince en la place du décédé avec ces paroles: *L'Ordre te tient pour frère & compagnon.* C'eſt pourquoi il te donne ce collier, plaiſe à Dieu que tu le portes long temps. Après cela en ſigne d'amitié il baiſe chacun des Chevaliers. Cet ordre a ſon Chancelier, ſon Thréſorier, ſon Porte-baſton nommé St-Michel, & ſon Greffier qui tient regiſtre des noms & beaux exploicts des Chevaliers. Nos Roys honorent encores de cet ordre des Princes eſtrangers en teſmoignage d'amitié, leſquels s'ils ſe veulent déclarer leurs ennemis ils leur renvoyent l'ordre pour eſtre libérez de leur ferment.

L'Ordre des Chevaliers de St-George de Carintie.

RODOLPHE d'Habſpurg, qui fût le premier de la maiſon d'Auſtriche qui parvint à l'Empire; pour deffendre la Hongrie, la Styrie & la Carintie contre les armes des Turcs qui ſembloient les menacer de ruine; inſtitua l'ordre de St-Georges & donna au Maiſtre-Général d'icelui une ville de Carintie de fort belle aſſiette pour y faire ſa demeure ordinaire & l'honora de la dignité de Prince. Il voulut encore que l'Evefque de la cité, venu d'Auflrie, dépendifl de lui pour le temporel avec fes Chanoines, qui furent tranfportez à caufe de cela en la forterefse & portèrent la Croix rouge de St-Georges dans les armoiries de leurs maifons. Et à ce que rien ne manquafl à la fplendeur de ce nouvel ordre, cet Empereur lui transféra les chasteaux & domaines des Toparchs & Cranichbeg tout fraifchement occis avec leurs familles; afavoir les terres de Trautmandorf, Scarfenech, & de fainéle Patronille.

Bernard de Luxembourg en fon livre qu'il a fait des Ordres Militaires dit, que celui de St-Georges fut inflitué du Pape Alexandre VI & de Maximilian Empereur contre les Turcs, dont les blazons furent une Croix d'or, avec une couronne dans un anneau d'or.

L'Ordre de la Croix de Bourgongne au Royaume de Thunes.

CHARLES le Quint Empereur & Roy des Efpagnes, après avoir remis Muleafses Roy de Thunes en fon Royaume, qui en avoit eflé chafsé par ceft infigne Corfaire Barberoufse; estant entré en pompe comme victorieux dans Thunes, portant un manteau fur lequel il y avoit une Croix de Bourgongne, laquelle il avoit accouftumé de porter en la guerre. Comme il eftoit d'un grand & magnanime courage & qui defiroit fe concilier la bienveuillance d'un chacun, défirant mefme recognoiftre la valeur de ceux qui l'avoient affifté en cefte conquefte, en mémoire auffi de cefte fignalée victoire, il inftitua l'ordre de la Croix de Bourgongne l'an 1535 le jour de St-Marie Magdelaine; à laquelle Croix il adjoufta un fufil qui tiroit des eftincelles de feu d'un caillou, avec cefte infcription: *Barbaria.*

L'Ordre des Chevaliers de St-Eftienne en la Tofcane.

COSME de Médicis premier Duc de Florence, l'an 1561 inftitua l'Ordre de St-Eftienne Pape & Martyr; au jour duquel il avoit gaigné la bataille de Marciano, le 6 jour d'Aouft, & en la mefme année le Pape Pie IV le confirma. L'an 1561, le premier jour de Février, leur octroya tous les privilèges qu'ont ceux de

Malte fous la reigle de St-Benoift; à condition
que tous ceux qui voudroyent eftre de cet Ordre feroyent vœu de charité, chafteté conjugale
& obédience, fans admettre perfonne s'il n'eft
noble & né en légitime mariage & nommé-
ment Catholique et fans note d'infamie. Ils
portent une robe de camelot blanc avec une
croix rouge fur le cofté gauche, tant au manteau qu'à leur habit ordinaire, & font tenus de
porter les armes pour la défence de la foy
Chreftiene, tant par mer que par terre & de
racheter les prifonniers Chreftiens & fubvenir
aux pauvres, & de dire chacun jour cent *Pater
nofter* & cent *Ave Maria* pour leur fervice ordinaire; & à certains jours folennels ils font
tenus au double; & lors qu'il meurt quelqu'un
de la compagnie, chacun doit dire en fon intention cent *Pater nofter* & cent *Ave Maria*,
où bien l'office des Morts. Leur grand Maiftre
eft le Duc de Florence, la forme de leur croix
eft femblable à celle de Malte, ils ont auffi
entr'eux des Preftres, & des Frères Servans.

L'Ordre des Chevaliers du St-Efprit,
en France.

HENRI III du nom, Roy de France & de
Pologne, pour marque d'une éternelle piété &

de la recognoiſſance qu'il déſiroit rendre à Dieu des bienfaits qu'il avoit receus de ſa Majeſté le jour de la miſſion du ſainct Eſprit; ayant eſté en pareil jour eſleu Roy de Pologne, ſuccédé à la couronne de France par la mort du Roy Charles IX ſon frère; & pris naiſſance en meſme jour. Il inſtitua l'ordre des Chevaliers du ſainct Eſprit, l'an 1579 le premier jour de Janvier, à Paris en l'Egliſe des Hermites de ſainct Augustin. Cet ordre inſtitué pour l'extirpation des héréſies & pour l'augmentation de la Religion Catholique Apoſtolique & Romaine. Il voulût qu'aux cérémonies ces Chevaliers euſſent chacun un manteau de velours noir, tous parſemez de lys & de flammes en broderie d'or & d'argent, avec un grand collier d'or entrelaſsé de lys & de flammes, au bout duquel eſt une croix de Malte, au milieu de laquelle eſt une colombe. Il y a un livre particulier de cet Inſtitut qui eſt aſſez vulgaire.

L'Ordre des Chevaliers du ſacré ſang de noſtre Seigneur Jeſus Chriſt, à Mantoue.

VINCENT de Gonzague, quatrieſme Duc de Mantoue & ſecond de Montferrat, inſtitua cet ordre l'an mil six cens huict aux nopces de son fils François avec Marguerite de Savoie, pour la défense & augmentation de la Religion Chrestienne en instituant jusqu'au nombre de vingt Chevaliers, lequel ordre a esté confirmé par le Pape Paul cinquiesme. Or, d'autant que ceux de l'Eglise sainct André à Mantoue tiennent qu'ils ont une partie de l'esponge de nostre Seigneur, & trois gouttes de sang que l'on dit avoir esté recueillies par sainct Longis Centenier & Martyr. Il érigea son ordre sur ce suject avec ceste inscription: *Nihil isto triste recepto*. Et pour le collier, il le fit faire de petites vergettes d'or liées ensemble & du feu au dessus, entremeslées toutefois d'autres pièces où ces mots sont escrits: *Domine probasti me,* voulant par ces symboles apprendre à ceux de son ordre qu'au plus fort de leurs adversitez ils se devoyent garder la foy & vivre ensemble en amitié & concorde perpétuelle.

L'Ordre des Chevaliers de nostre Dame du Mont Carmel & de sainct Lazare en France.

AU commencement de ce Traicté il a esté parlé de la réunion des deux ordres de St-Maurice & de St-Lazare en Savoye, mais les Chevaliers de St-Jean avoyent obtenu du Pape Innocent VIII auffi qu'il fuft réuni au leur pour le regard de la France, ce qu'il retindrent jusques à Amarus le Chafte. Ceftui-ci eftant Chevalier de St-Jean & grand Maiftre de l'Ordre de St-Lazare, s'efforça de faire rendre à fes confrères les biens qui leur appartenoyent. Sa mort lui empefcha de faire réuffir fon deffein, mais de nos jours Philbert de Nereftam, doué d'autant de piété & de courage, que de force & de modeftie, a repris les mefmes brisées de fon prédéceffeur, bien qu'il ne fuft Chevalier de fainct Jean comme lui, & à cet effect s'en alla à Rome vers le Pape Paul V, où il obtint ce qu'il défiroit & de plus, que d'orefnavant les Chevaliers François de St-Lazare fe nommeroyent Chevaliers de noftre Dame du mont Carmel & de St-Lazare & que pour leurs blazons ils porteroyent au col une croix violette où feroit l'image de noftre Dame & une autre coufue fur l'un des coftez de leur manteau, de mefme couleur & figure.

L'Ordre des Chevaliers inſtituez par les Papes.

LES ſouverains Pontifes ont inſtitué pluſieurs ordres de Chevaliers, qui ſont les Chevaliers de Jeſus Chriſt, du St-Eſprit, de St-Pierre, de St-Paul, de St-George, du Pape Pie, de Lorette, de St-Antoine, de Julius & du Lys, Chevaliers di-je les uns Eccléſiaſtiques, les autres layques, tous penſionnaires du Pape, diſtinguez les uns des autres par des croix de diverſes couleurs.

Les Chevaliers de Jeſus Chriſt portent la croix rouge environ telle que la portent les Chevaliers de meſme nom en Portugal, enfermée dans une bordure d'or. Ils furent inſtituez par le Pape Jean XXII, ainſi que diſent François Tarafe & Jean Confetrius dans le Recueil des privilèges des Mendiants.

Les Chevaliers du St-Eſprit, appellez à Rome les frères de l'Hoſpital du St-Eſprit, portent la croix blanche ſur leur robbe, ou ſur leurs manteaux. Jean Azore dit qu'en Saxe il y a un ordre auſſi de Chevaliers du St-Eſprit. Leon X fonda les Chevaliers de St-Pierre contre les Turcs, ainſi que dit Alphonce Ciaconius en l'hiſtoire des Papes & des Cardinaux, lequel le Pape Paul III confirma. Ceux de St-George par Alexandre IV. Le Pape Pie IV, l'an 1560, inſtitua ceux qui portent ſon nom, leſquels il voulût qu'ils précédaſſent tous ceux des Empereurs & autres Princes & les Chevaliers de Malte meſme, d'autant qu'ils eſtoyent ſes domeſtiques ou commenſaux. Sixte V, l'an 1586, inſtitua ceux de Lorette.

C'eſt ſommairement ce qui se peut dire des Ordres de Chevalerie qui ont eû quelque nom parmi les Chreſtiens. Quant à leurs ſtatuts & conſtitutions particulières, le Lecteur pourra s'en inſtruire plus amplement dans les Autheurs qui ont eſté cottez dans ce petit traicté, lequel ne pouvoit pas permettre d'en traicter plus amplement.

NOUVELLES PUBLICATIONS:

Bibliographie des ouvrages relatifs à l'Afrique et à l'Arabie, Catalogue méthodique de tous les ouvrages français et des principaux en langues étrangères traitant de la géographie, de l'histoire, du commerce, des lettres et des arts de l'Afrique et de l'Arabie; par Jean Gay, membre de l'Institut de Genève. 1875, in-8 de XII-312 pages à 2 colonnes, très-petit texte. Prix: 20 francs. Vingt exemplaires seulement, et numérotés, ont été tirés sur papier teinté. — Prix: 30 francs. (Ce volume renferme une table des matières, une table alphabétique des noms de lieux cités, et un répertoire des noms propres contenus dans l'ouvrage. C'est la première fois qu'un pareil travail a été fait; jusqu'à ce jour, l'Afrique et l'Arabie n'avaient pas de Bibliographie spéciale. Ce catalogue est donc appelé à figurer dans toute bibliothèque un peu complète, car il est absolument nécessaire à consulter à toute personne s'occupant de cette partie du monde).

Œuvres de Rabelais, précédées de sa biographie et d'une dissertation sur la prononciation du français au XVIe siècle, et accompagnées de notes explicatives du texte; par A. L. Sardou. Nouvelle édition collationnée sur les meilleures éditions anciennes, etc. 1874-1875, 3 volumes in-12, véritable portrait de Rabelais gravé d'après celui original conservé à la Faculté de Médecine de Montpellier, et fac-simile de son écriture extrait des registres de la même Faculté. Imprimées sur beau papier vergé de Hollande, de fil, à la forme, à 500 exemplaires numérotés. Prix: 30 francs.

Liste et origine de tous les ordres de chevaleries militaires et civils institués par les Princes chrétiens, jusqu'à la fin du XVIe siècle; par P. Daviti. Publié pour la première fois séparément. Petit in-8 et petit in-12. Tiré à 300 exemplaires en tout. — Prix: 5 francs, quelque soit le format.

EN SOUSCRIPTION: **Les Odes d'Olivier de Magny**; réimprimées d'après l'édition de Paris 1559, en 2 volumes pet. in-4. Cette nouvelle édition ne sera tirée juste que pour les 50 premiers souscripteurs, à 50 exemplaires numérotés. — Prix: 40 francs, sur papier vélin de fil à la forme; et 50 francs pour les exemplaires sur papier de Chine.

www.ingramcontent.com/pod-product-compliance
Lightning Source LLC
LaVergne TN
LVHW051500090426
835512LV00010B/2259